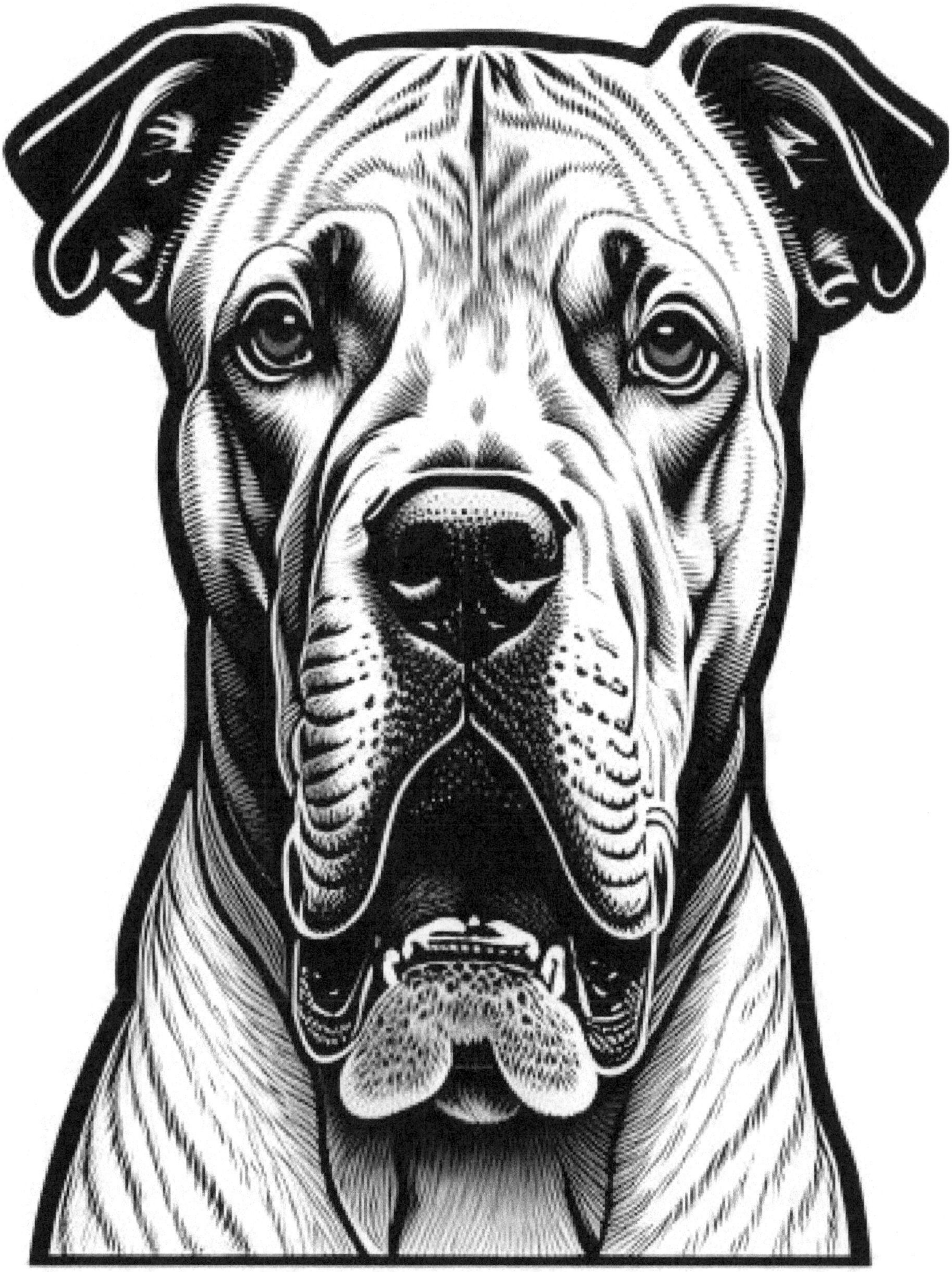

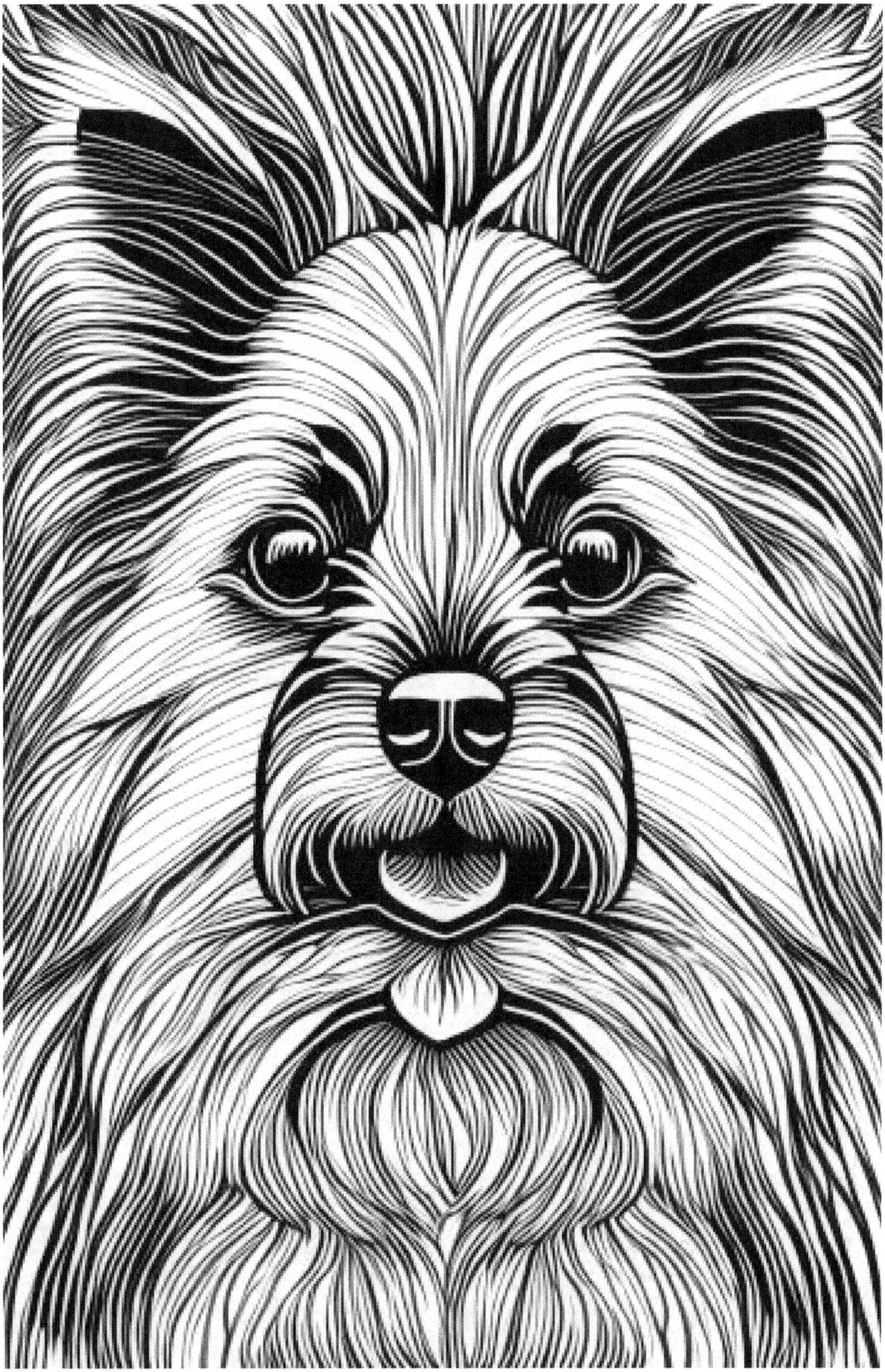

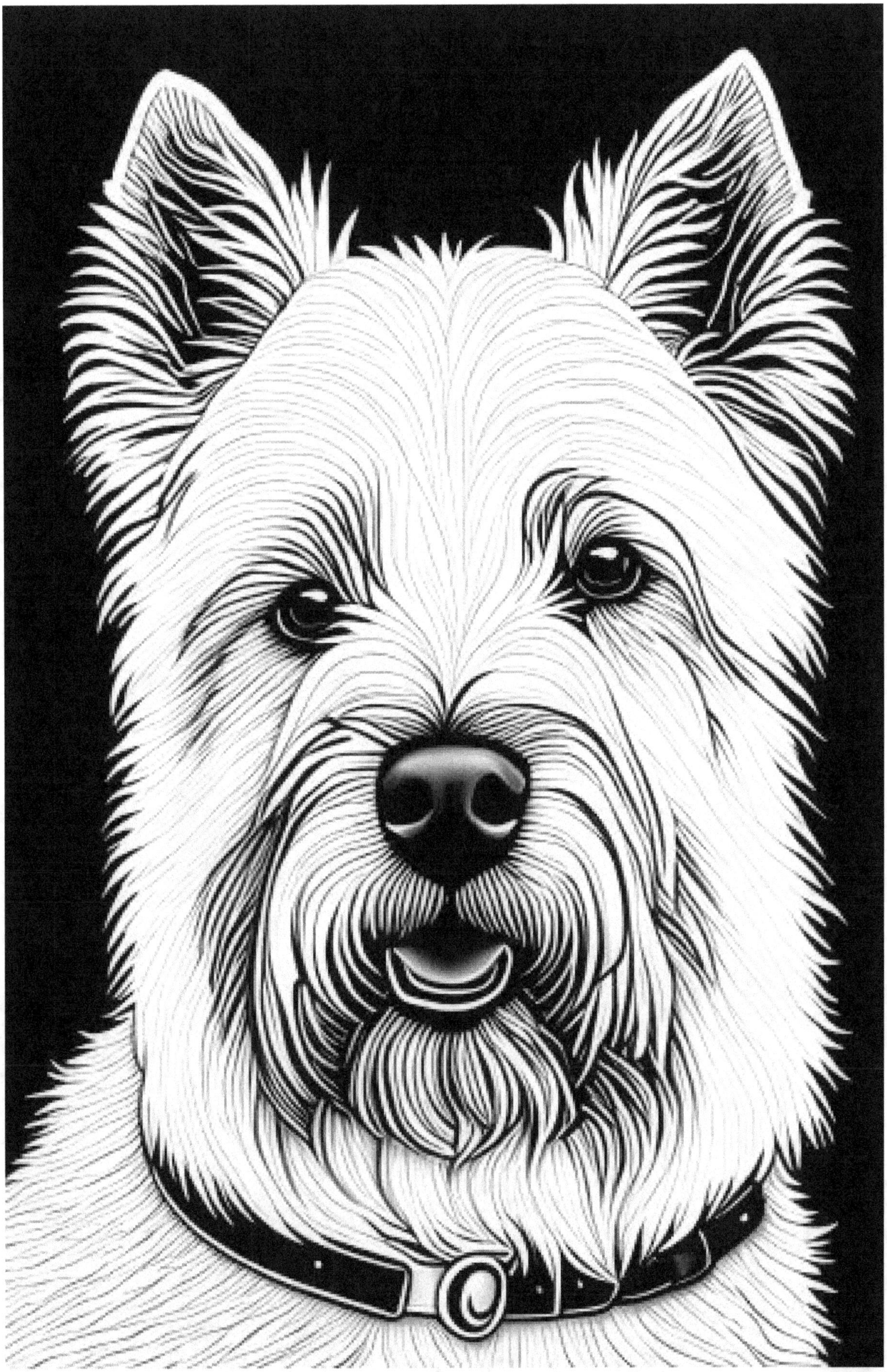

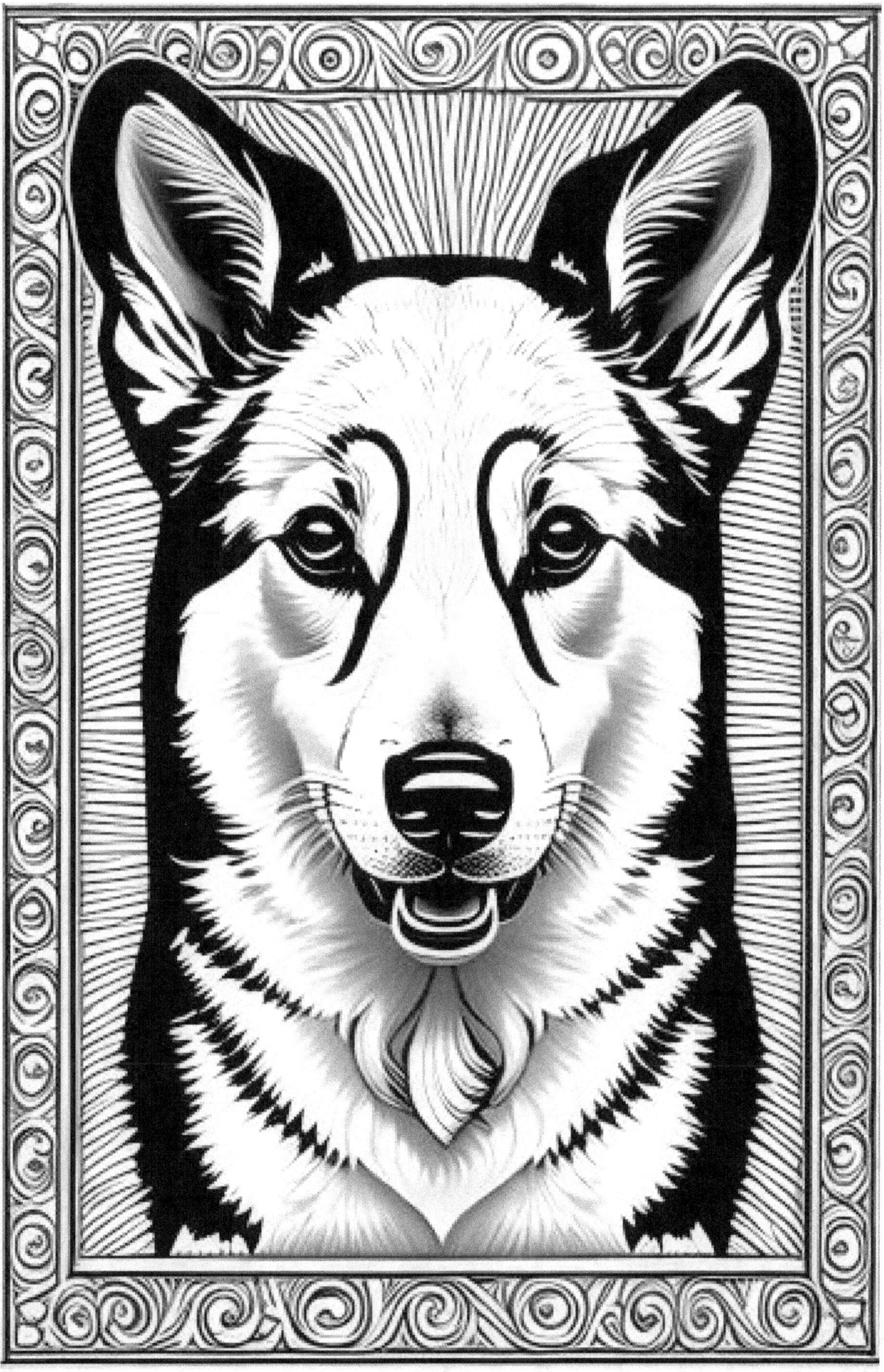

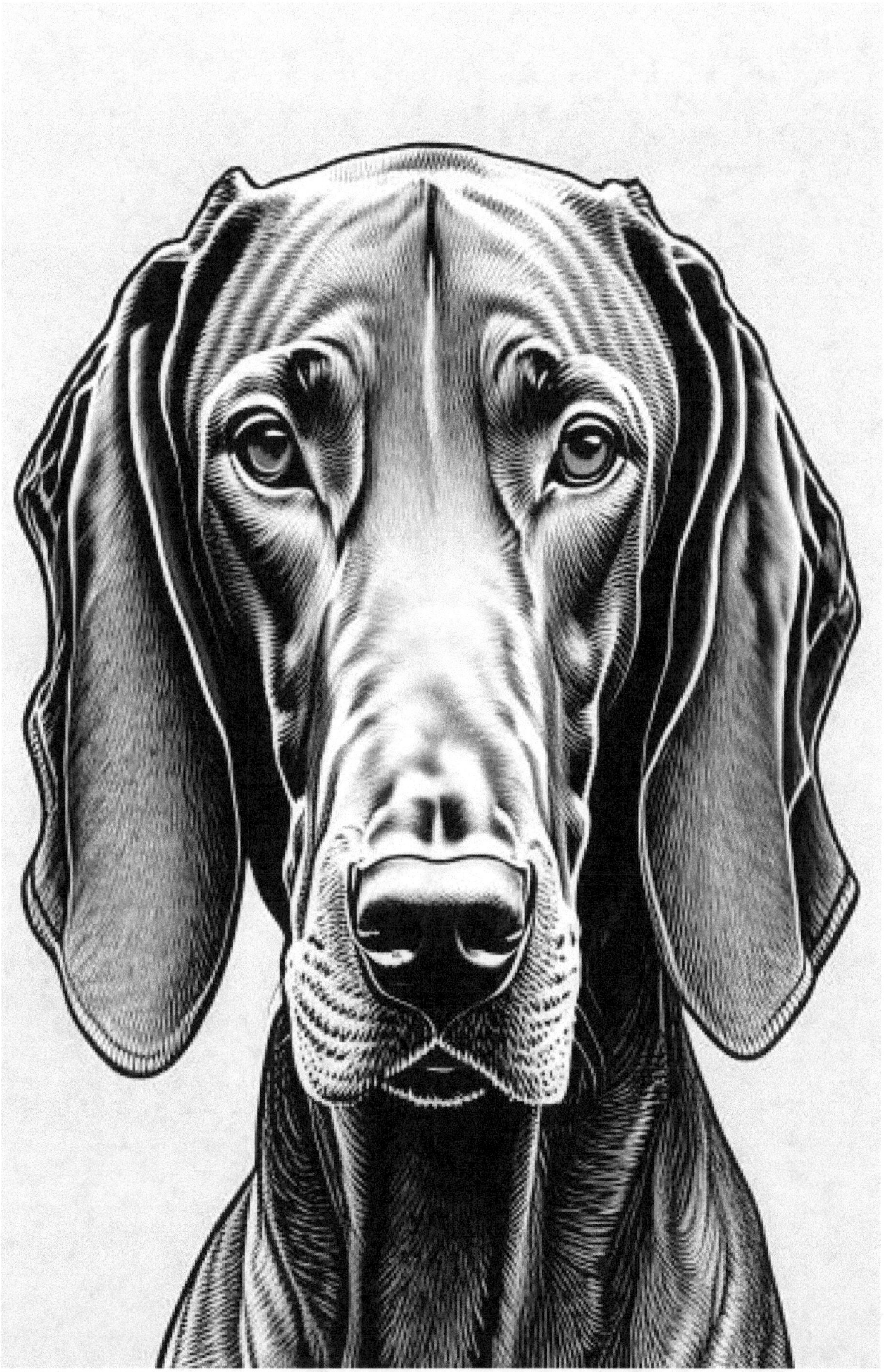

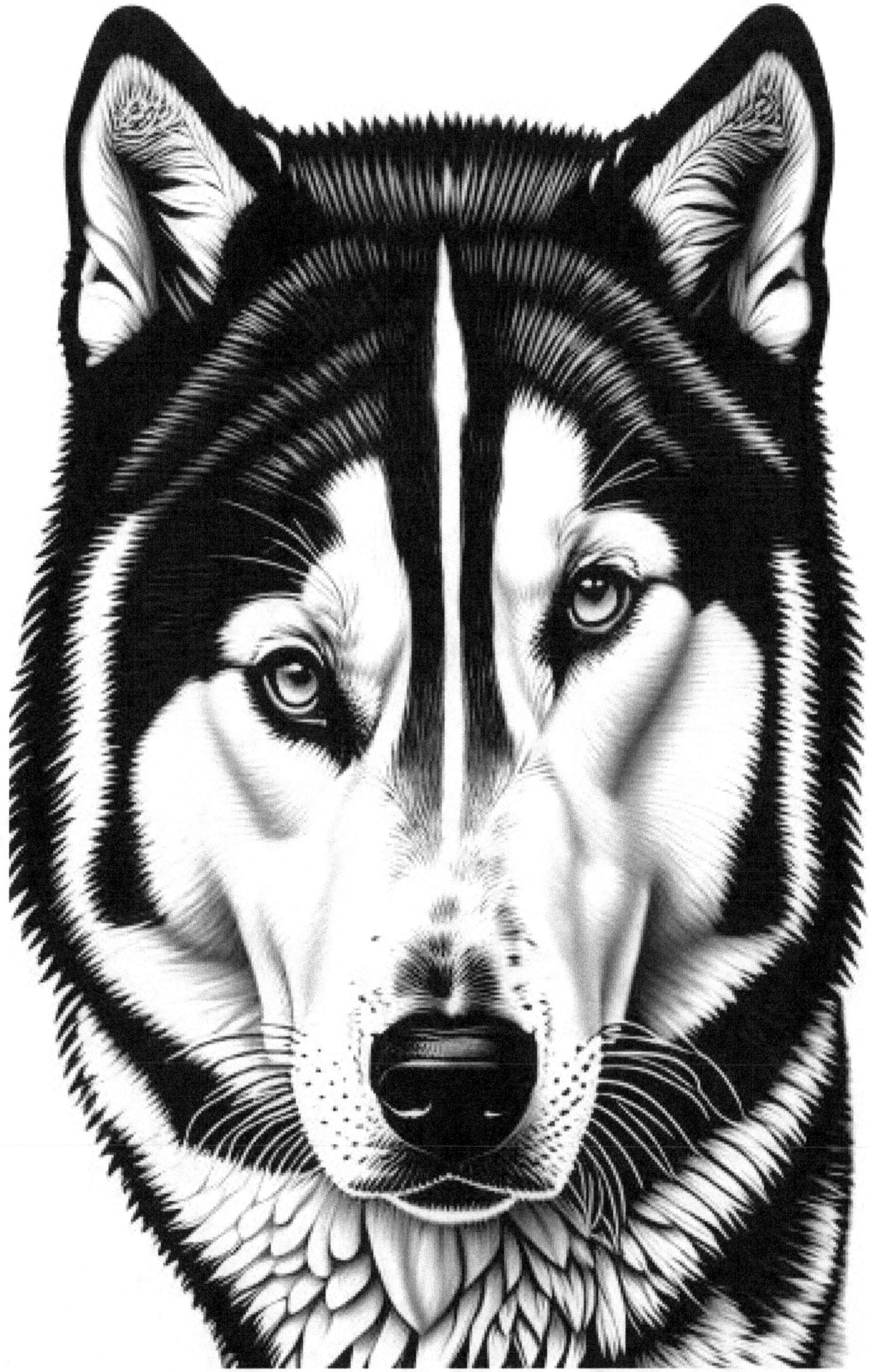

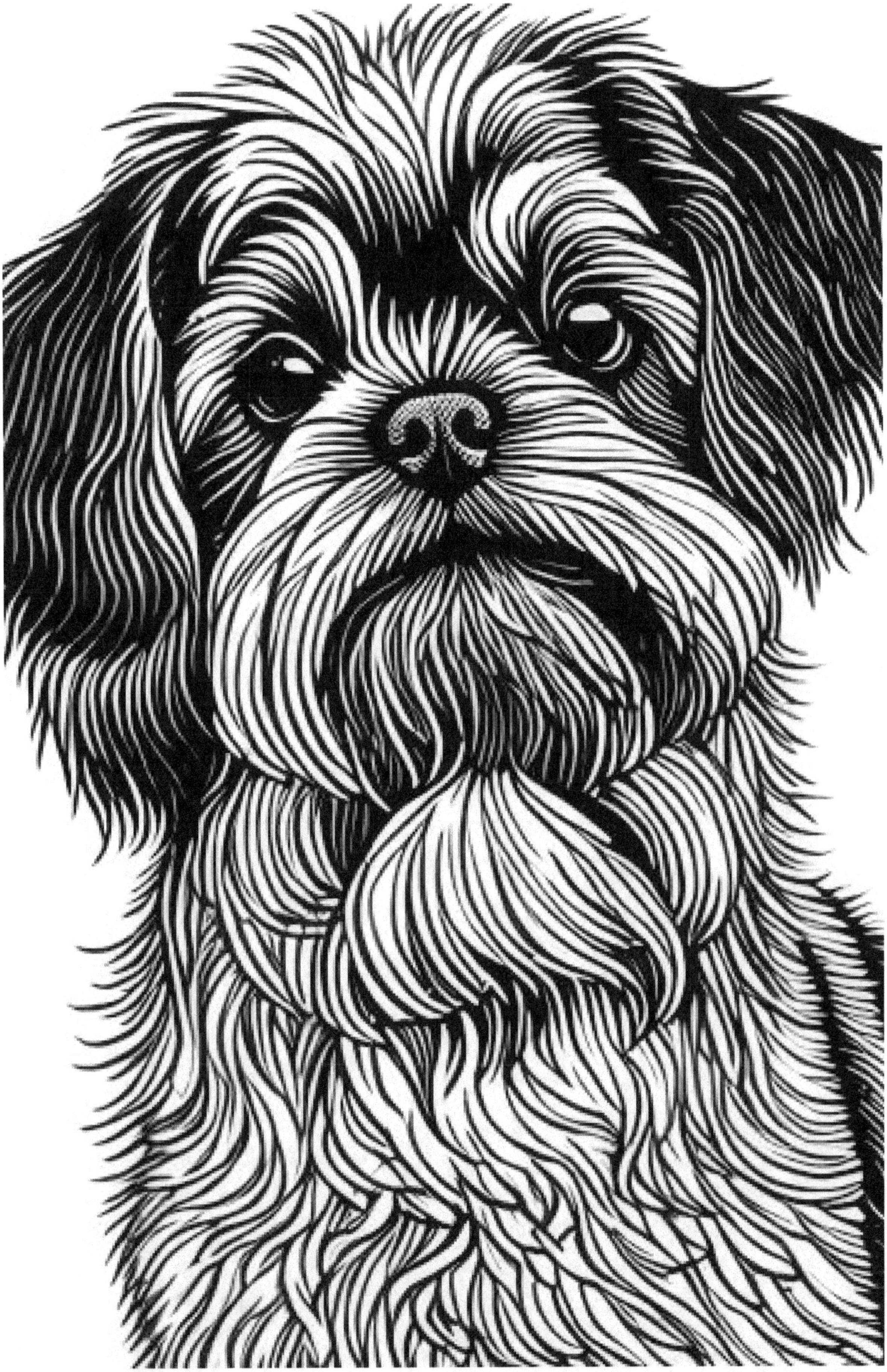

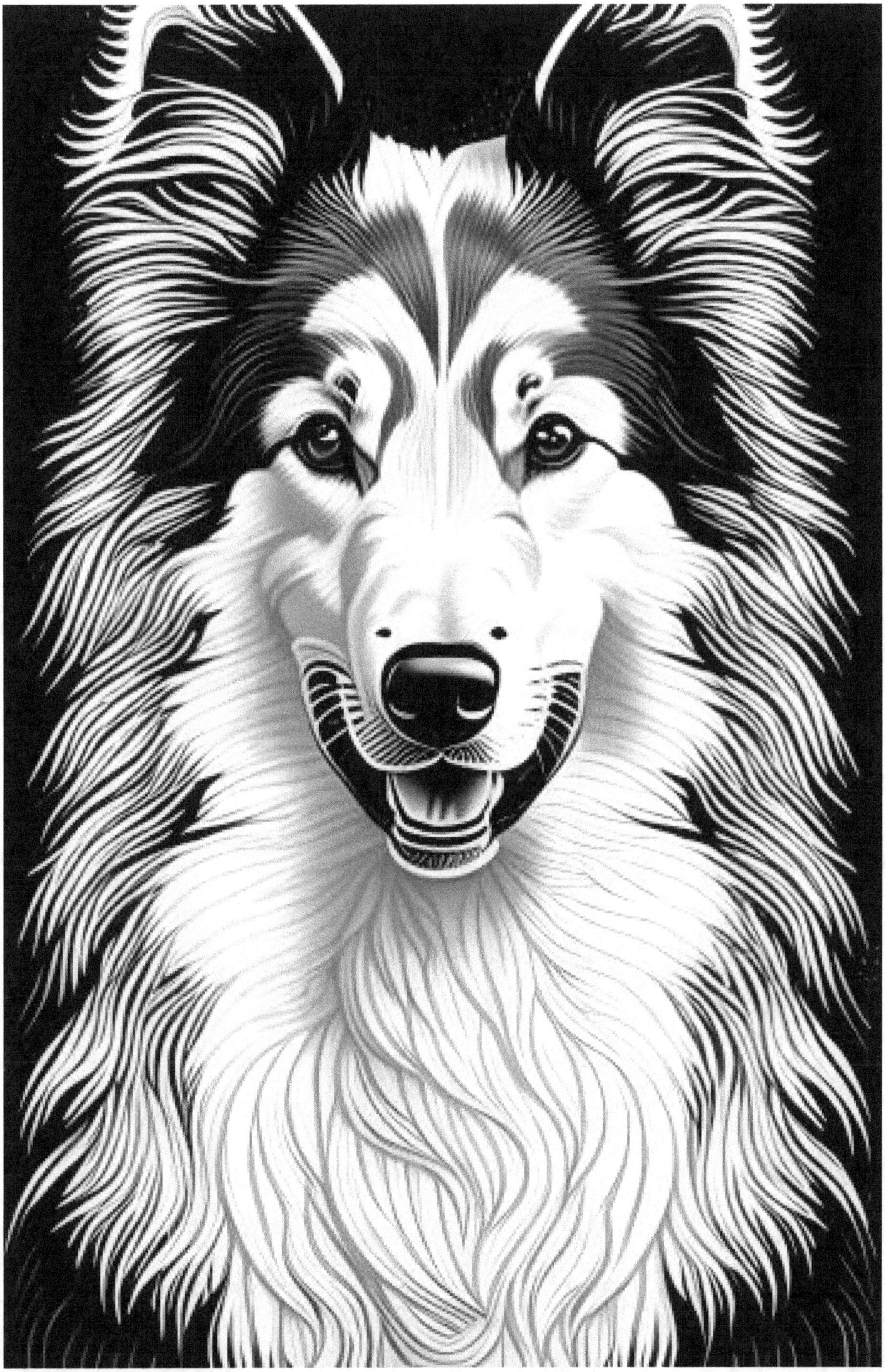

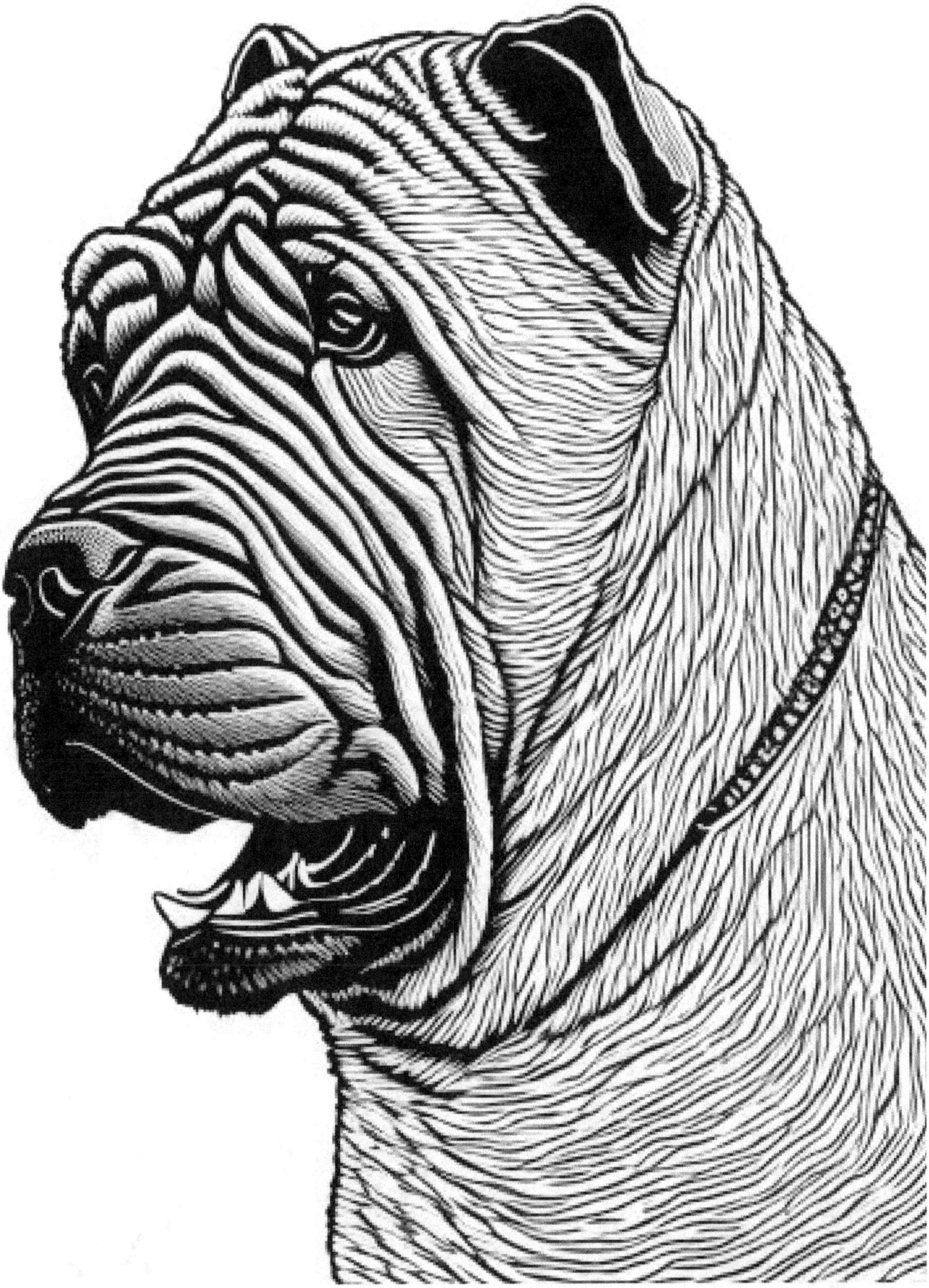

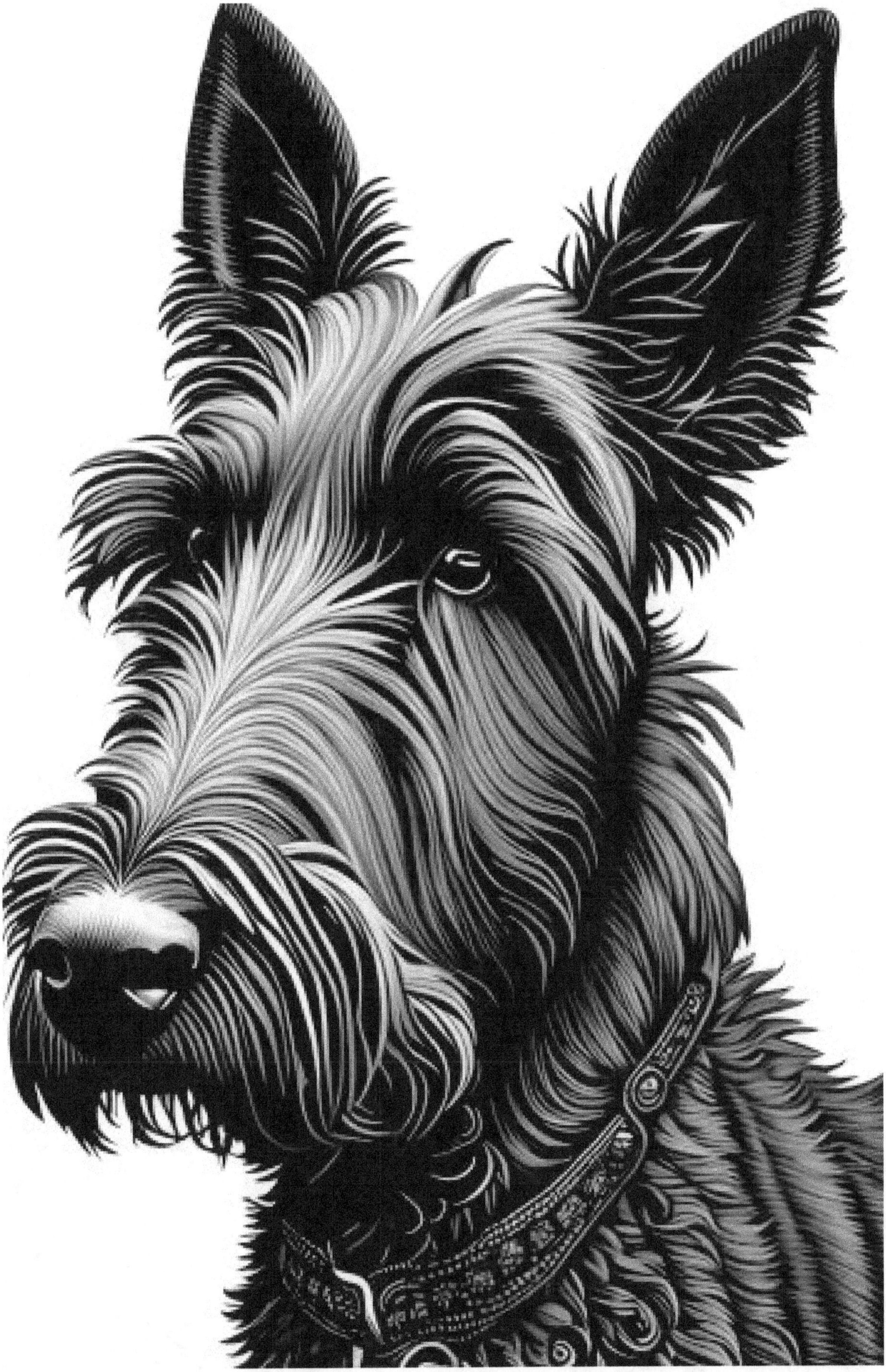

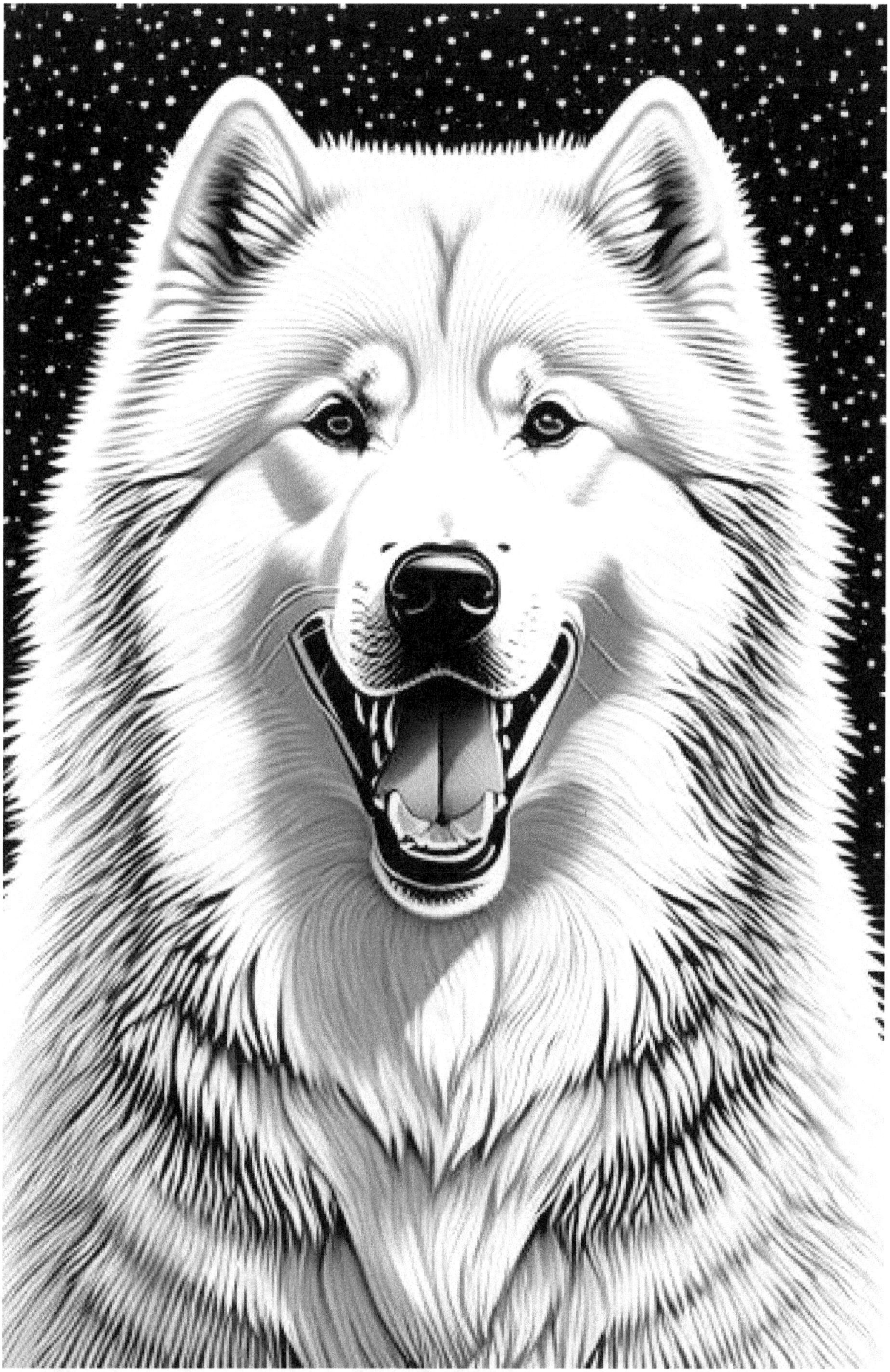

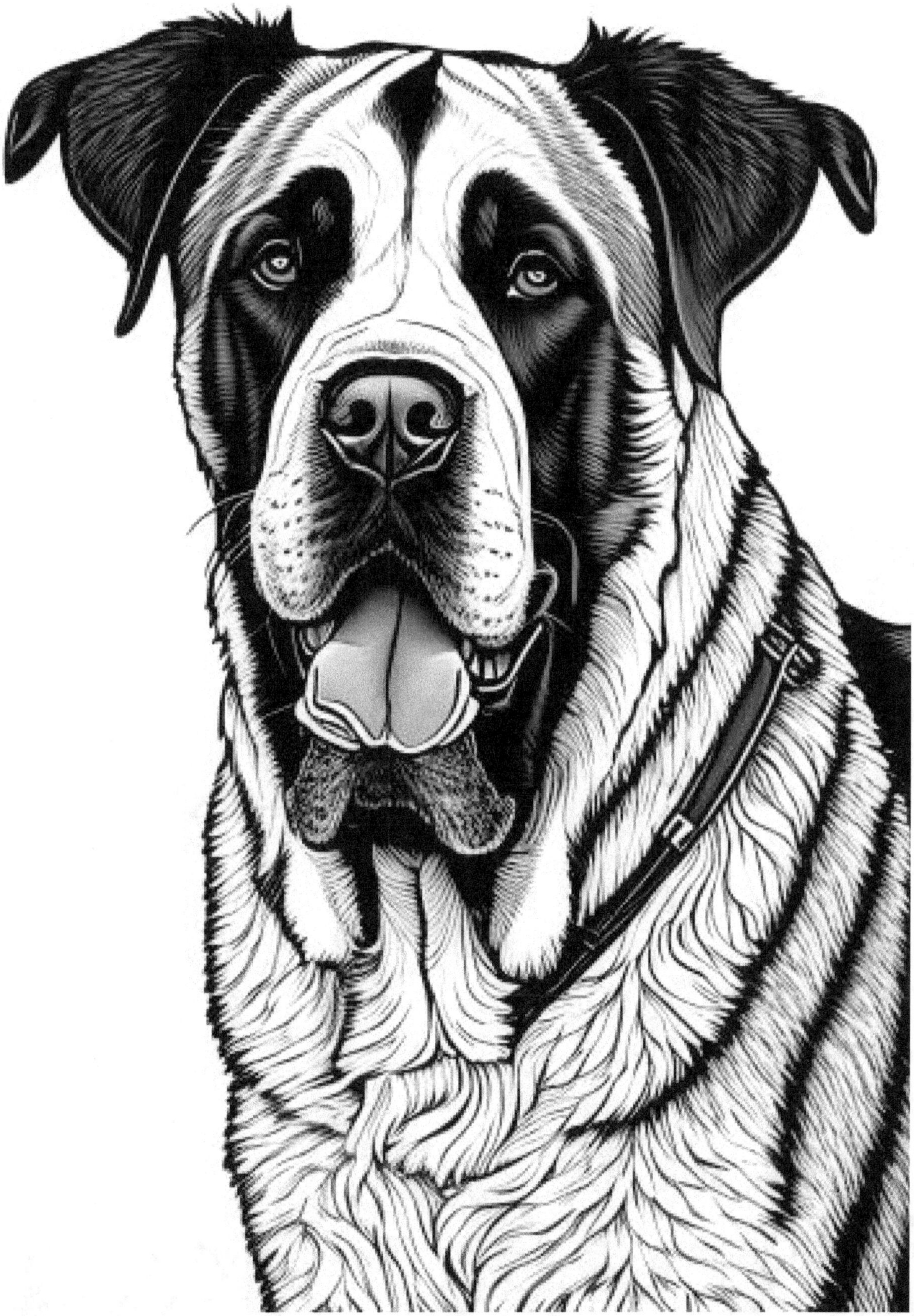

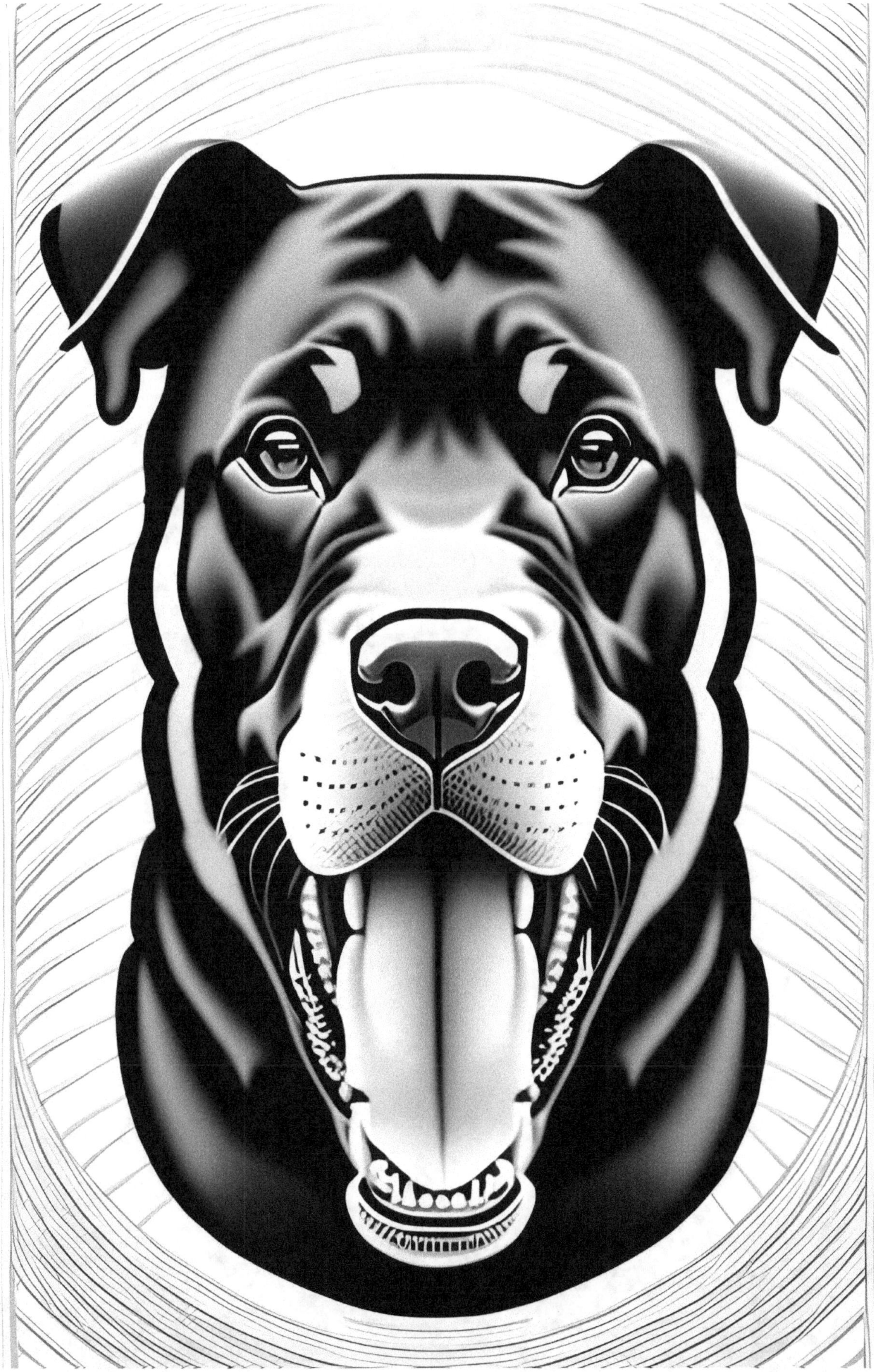

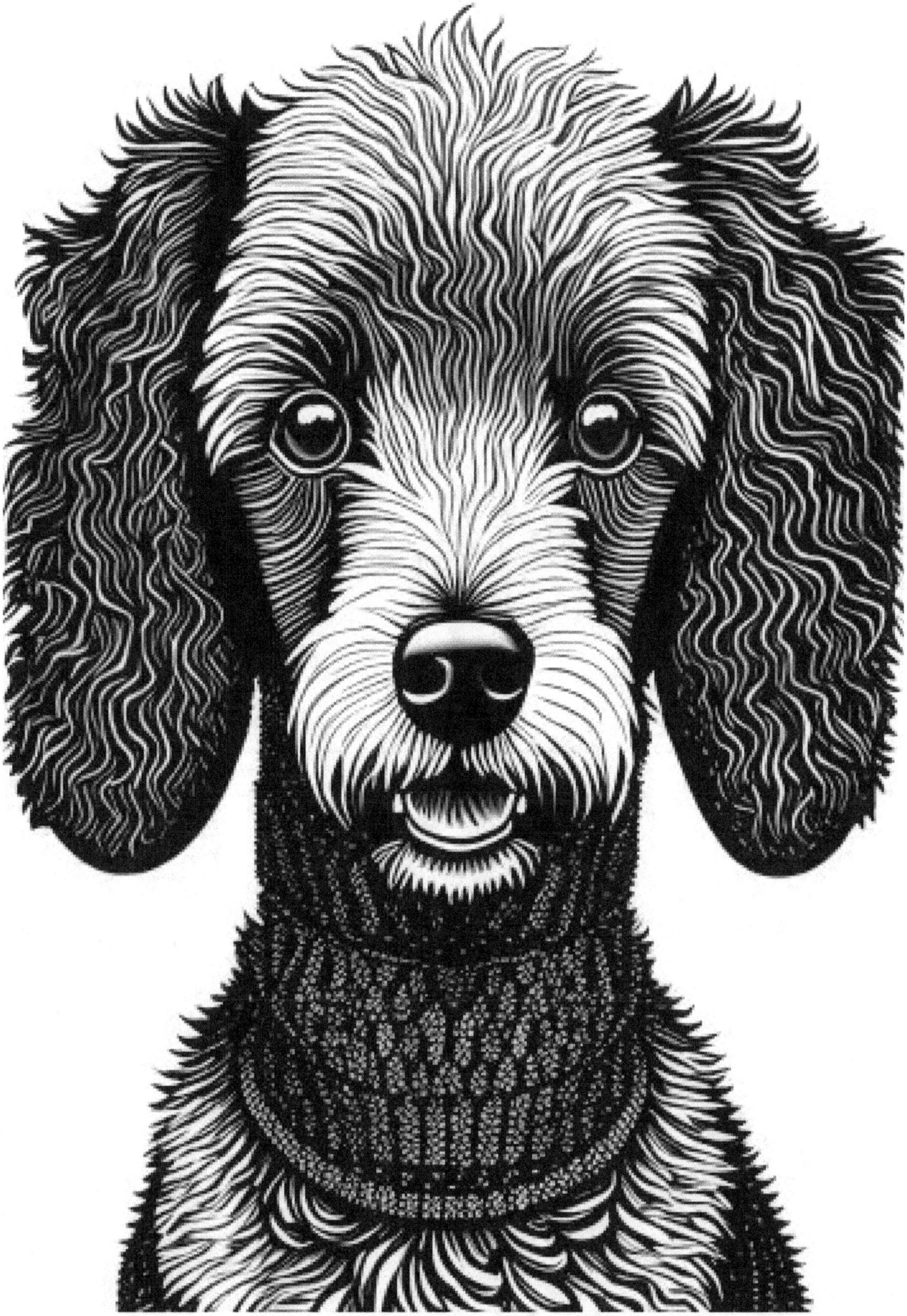

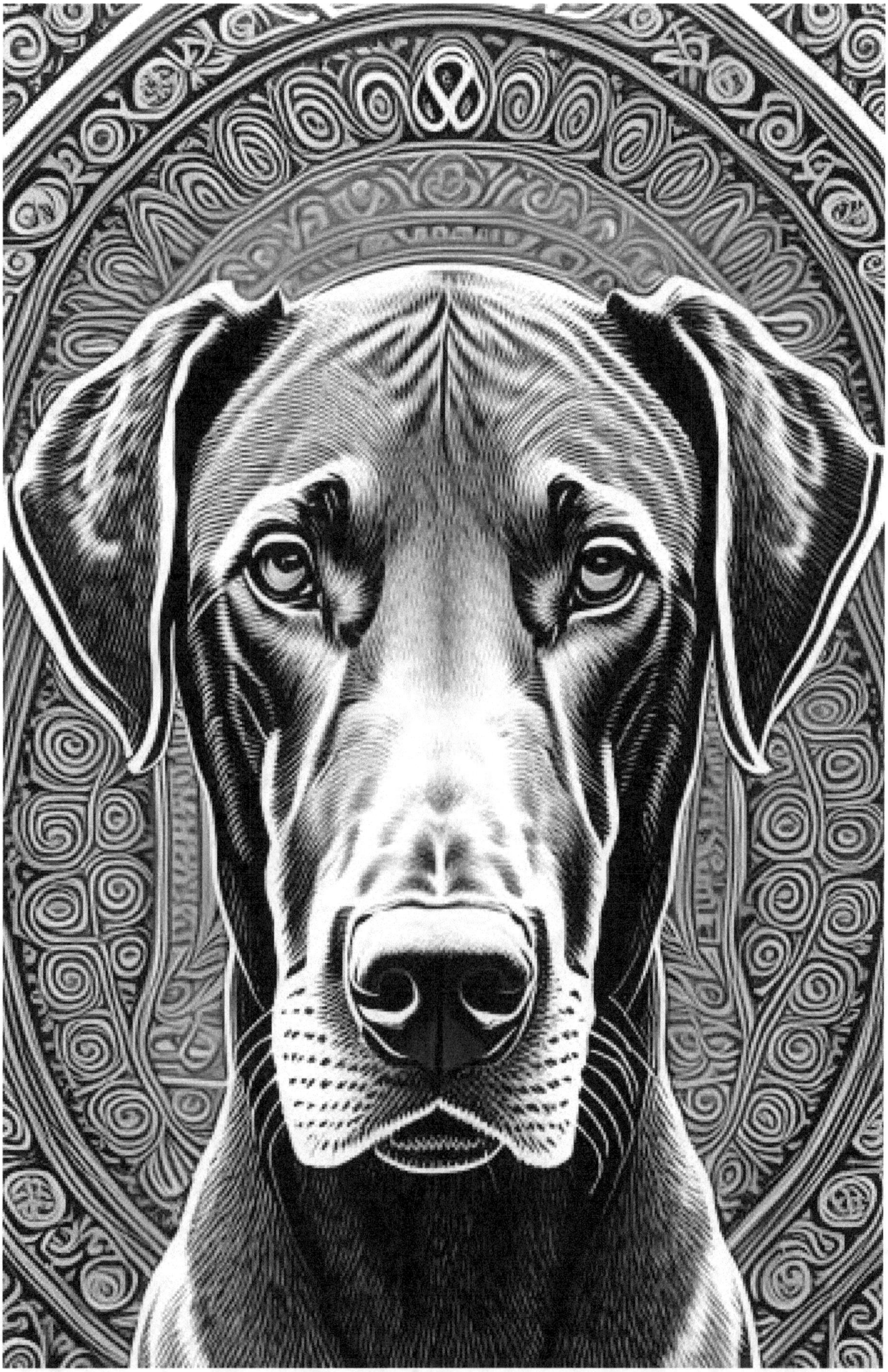

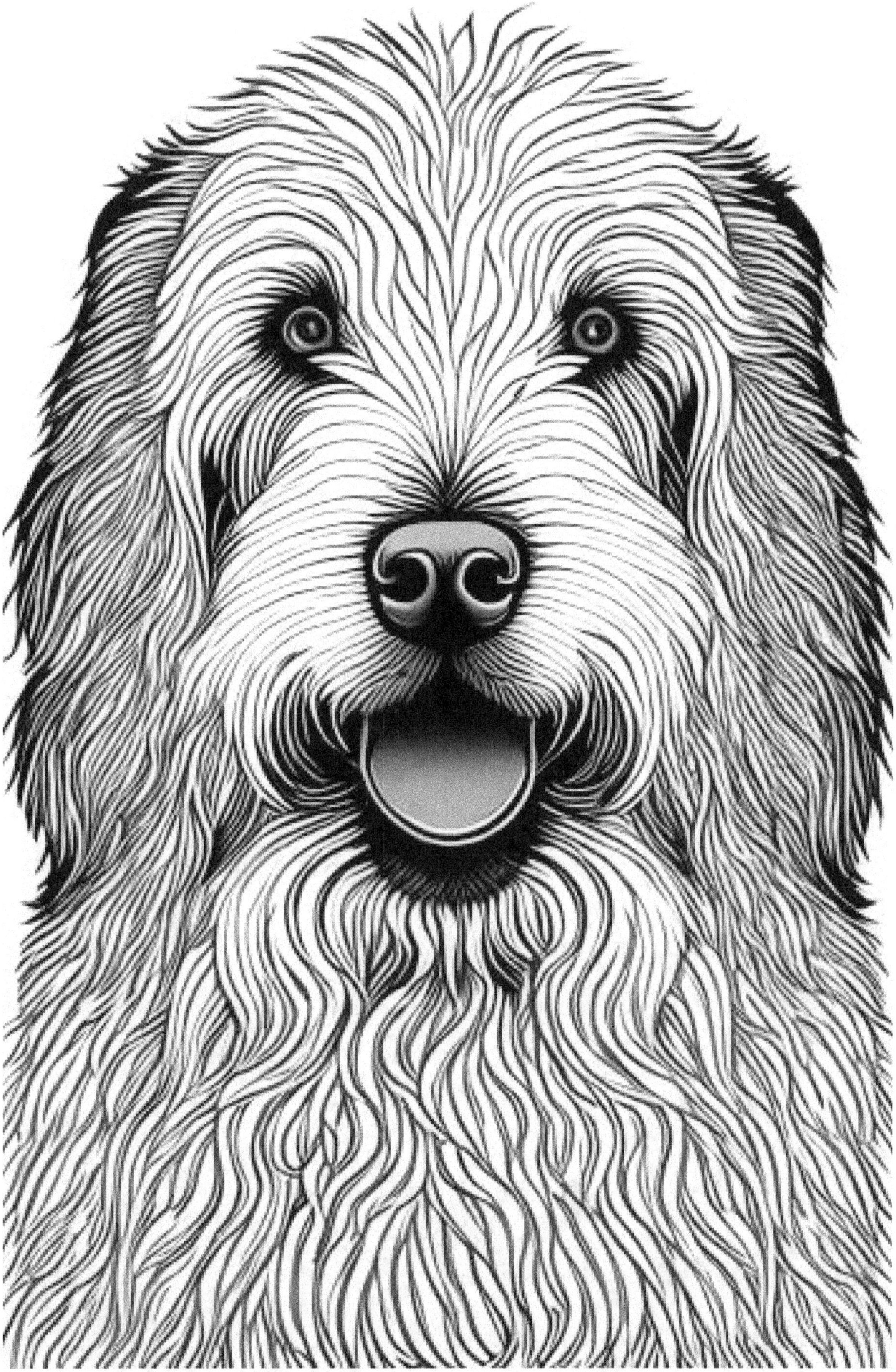

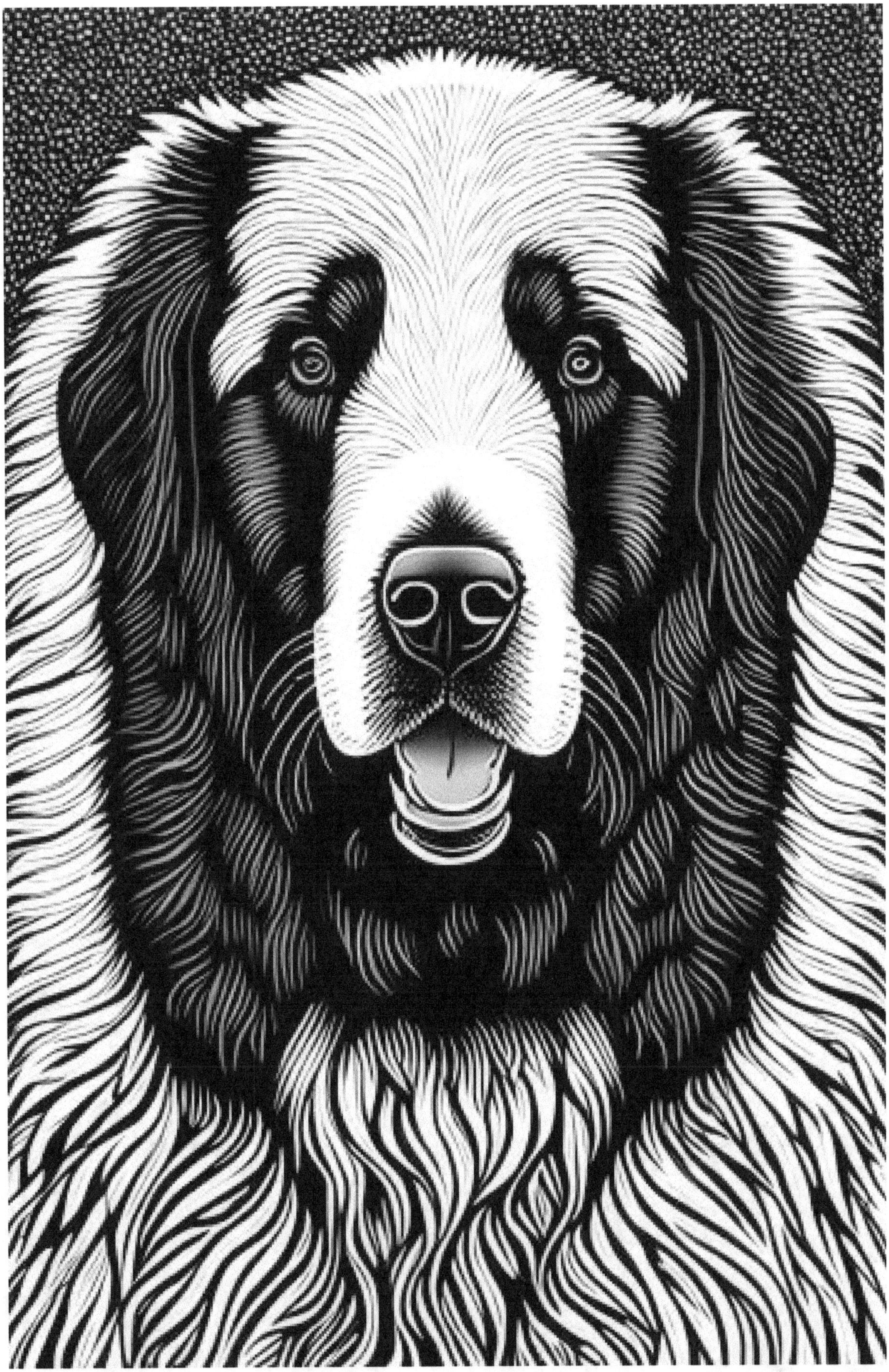

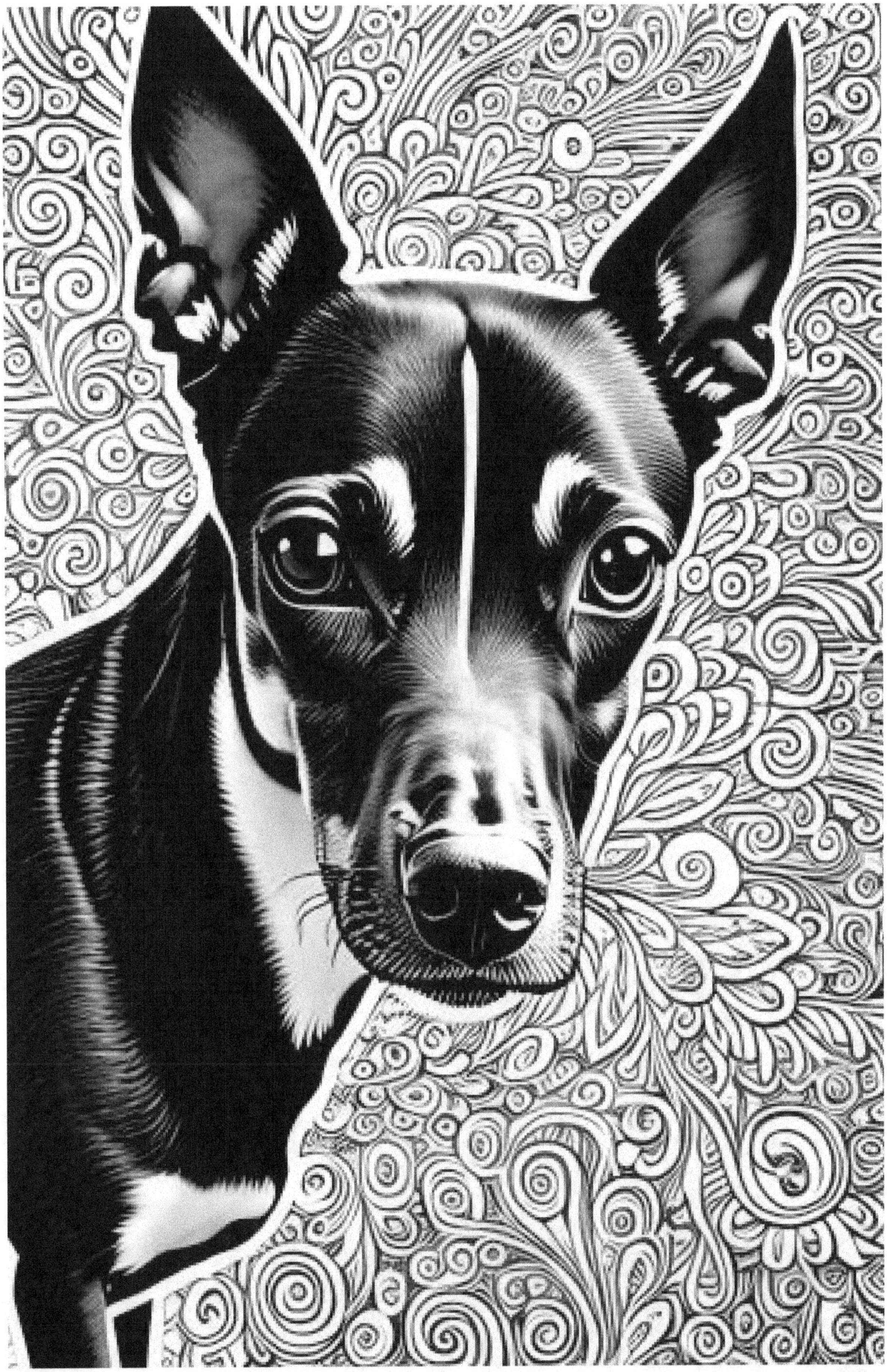

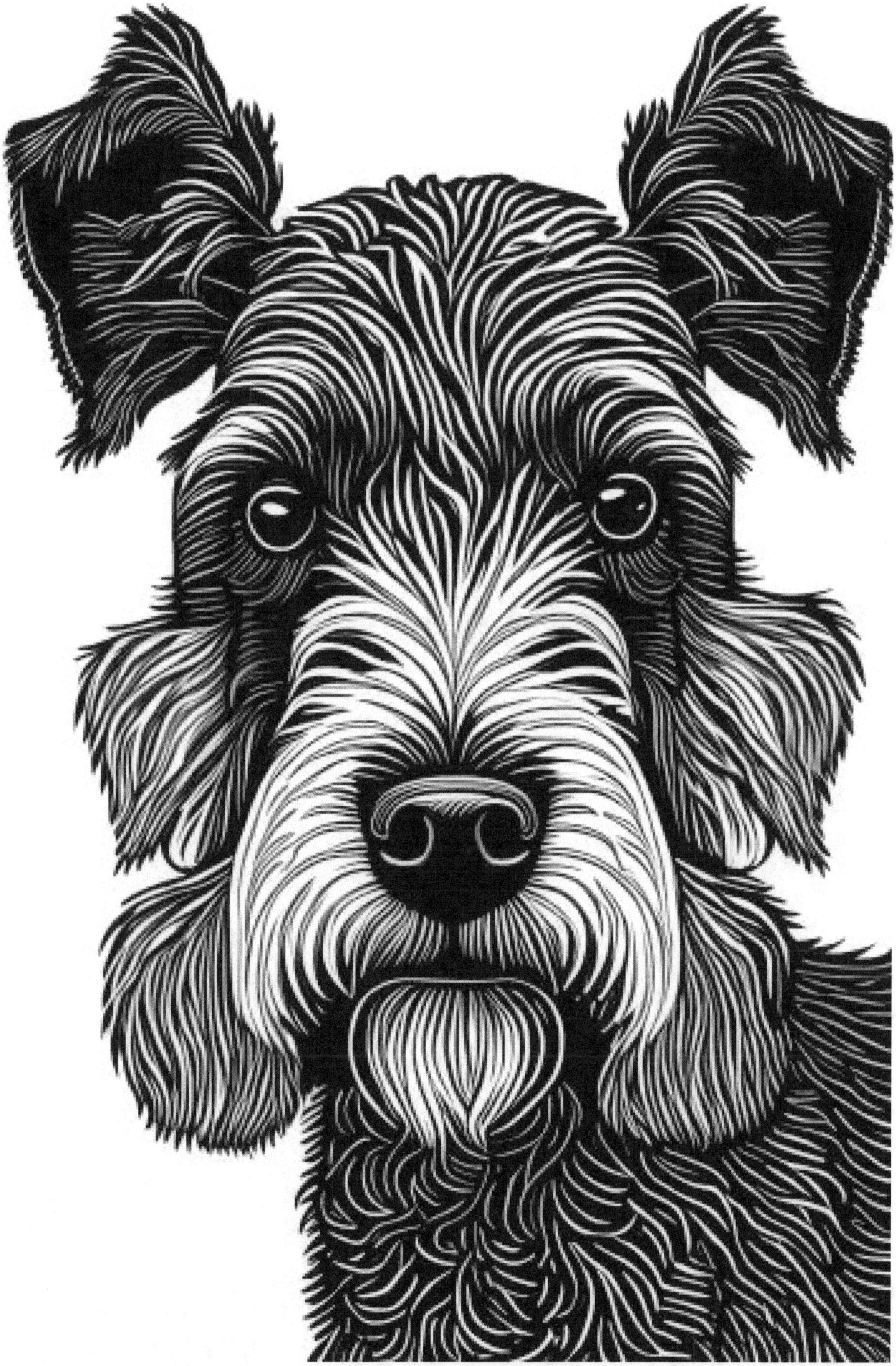

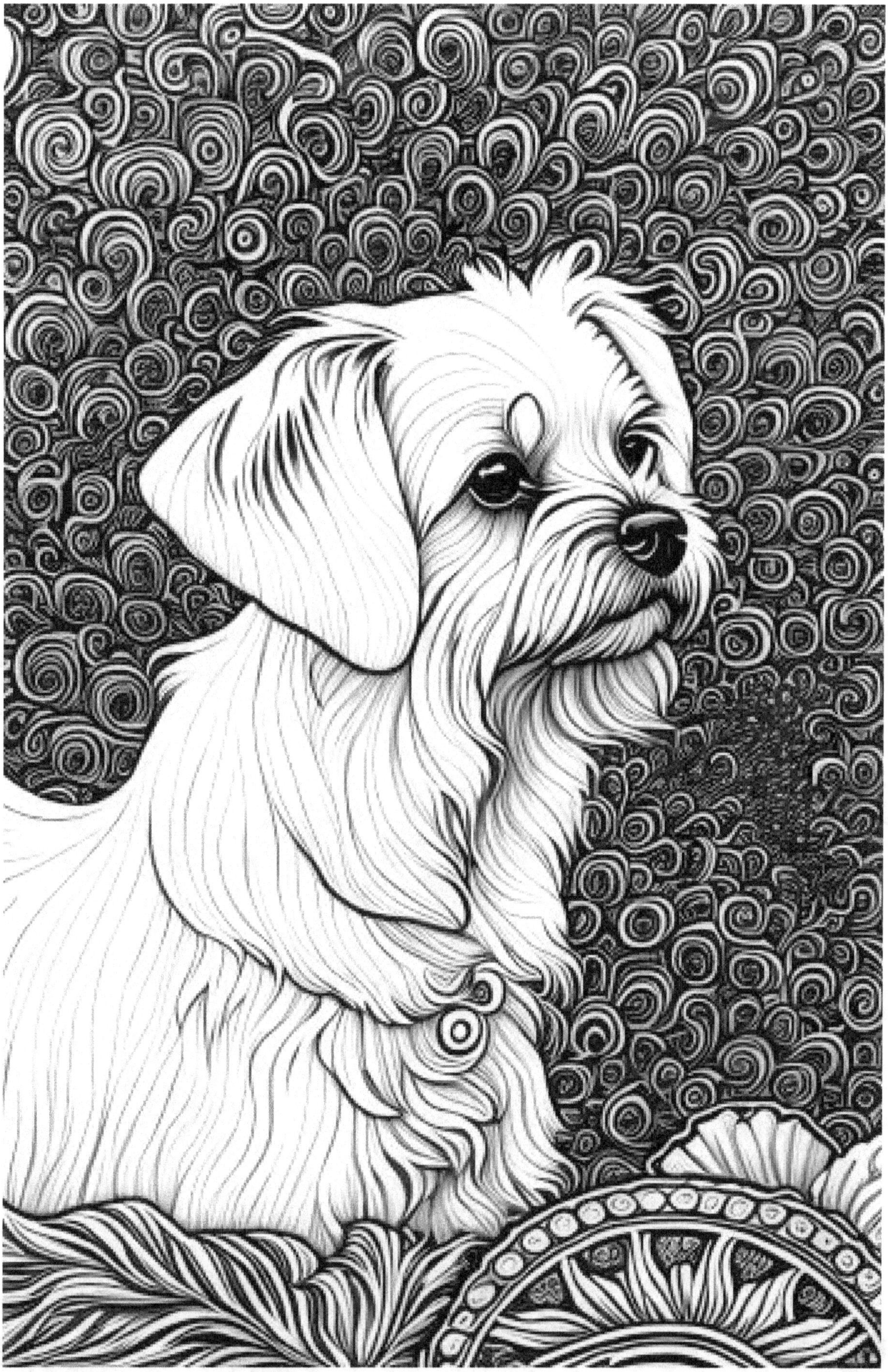

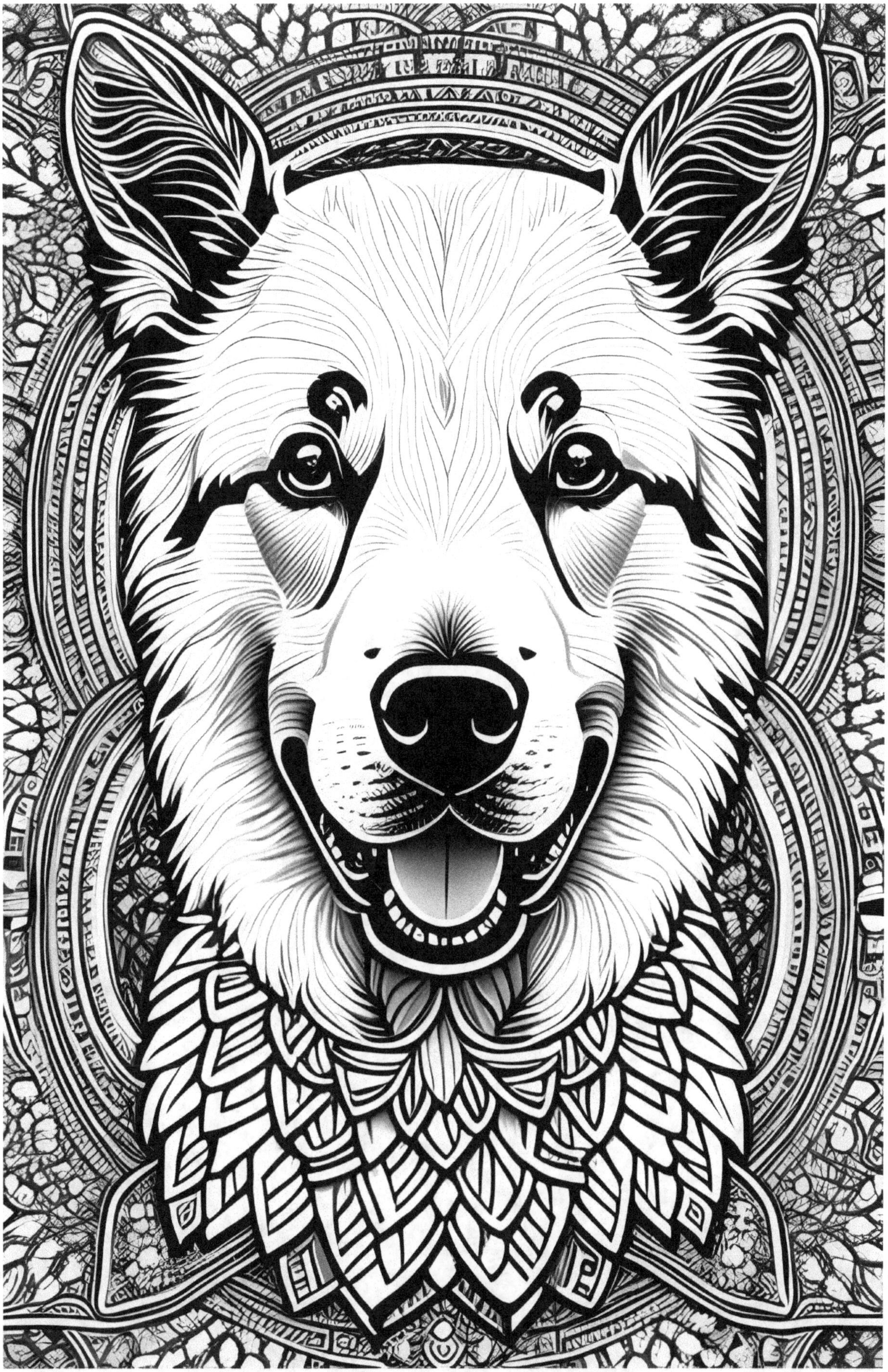

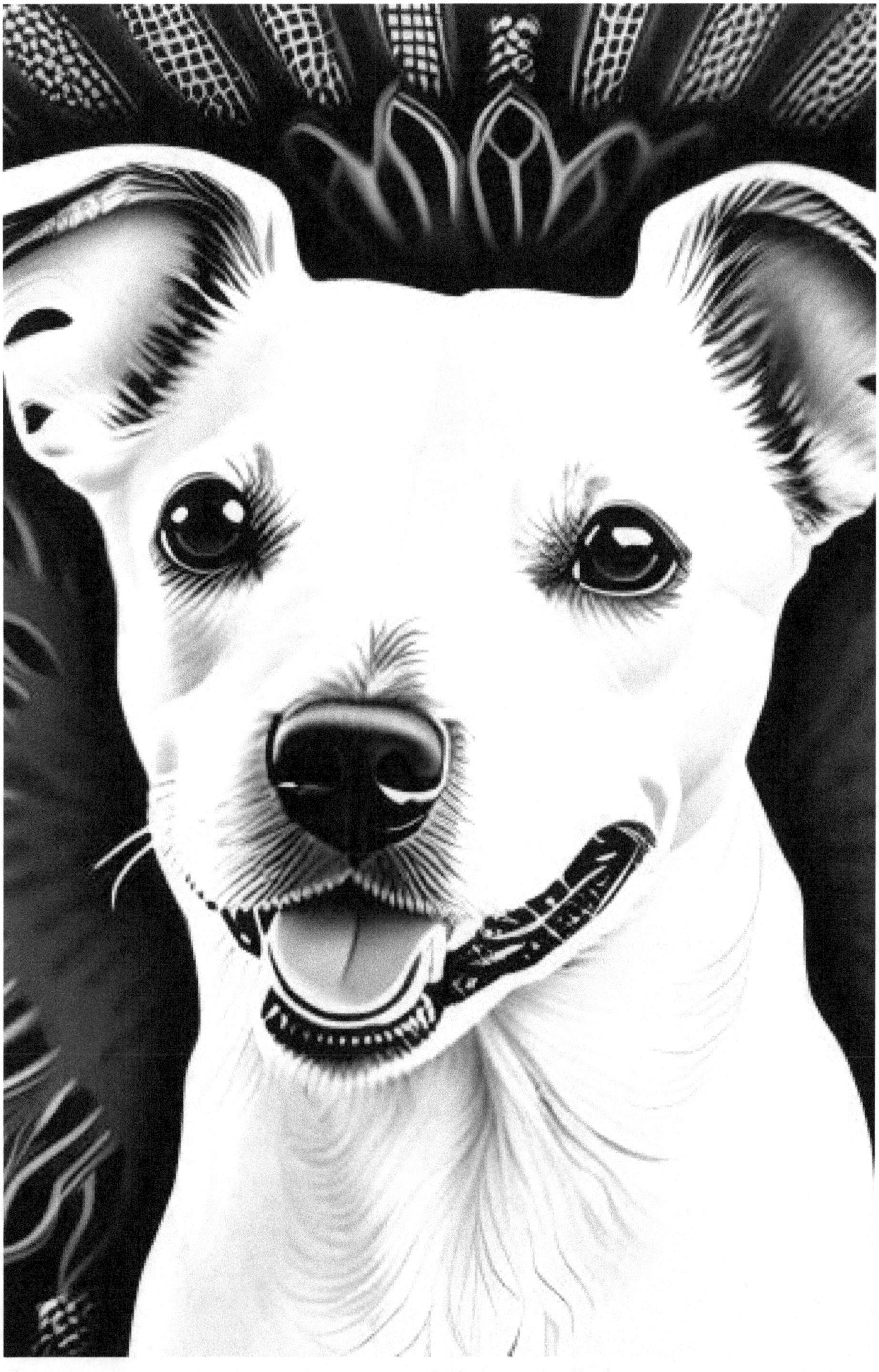

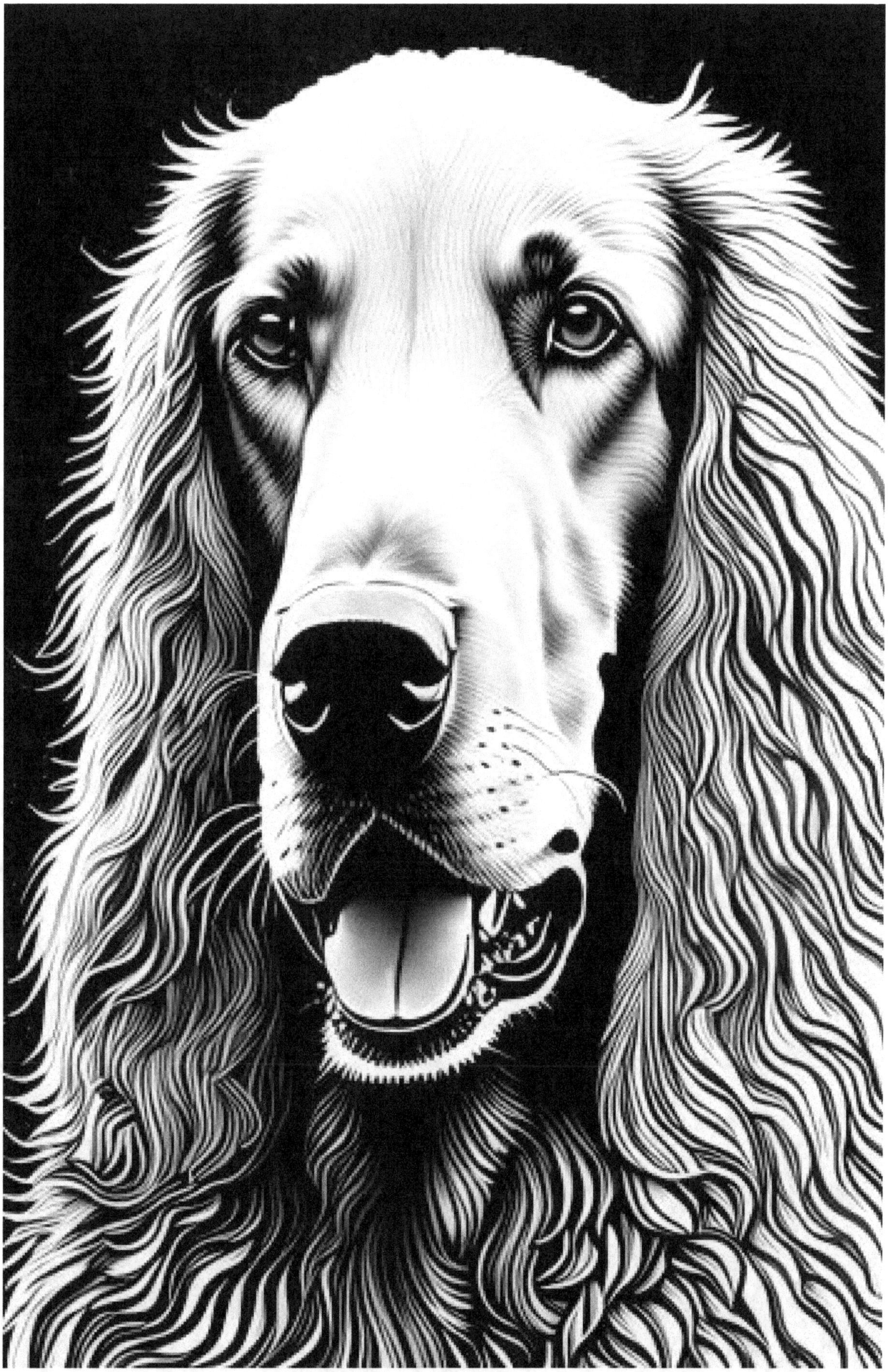

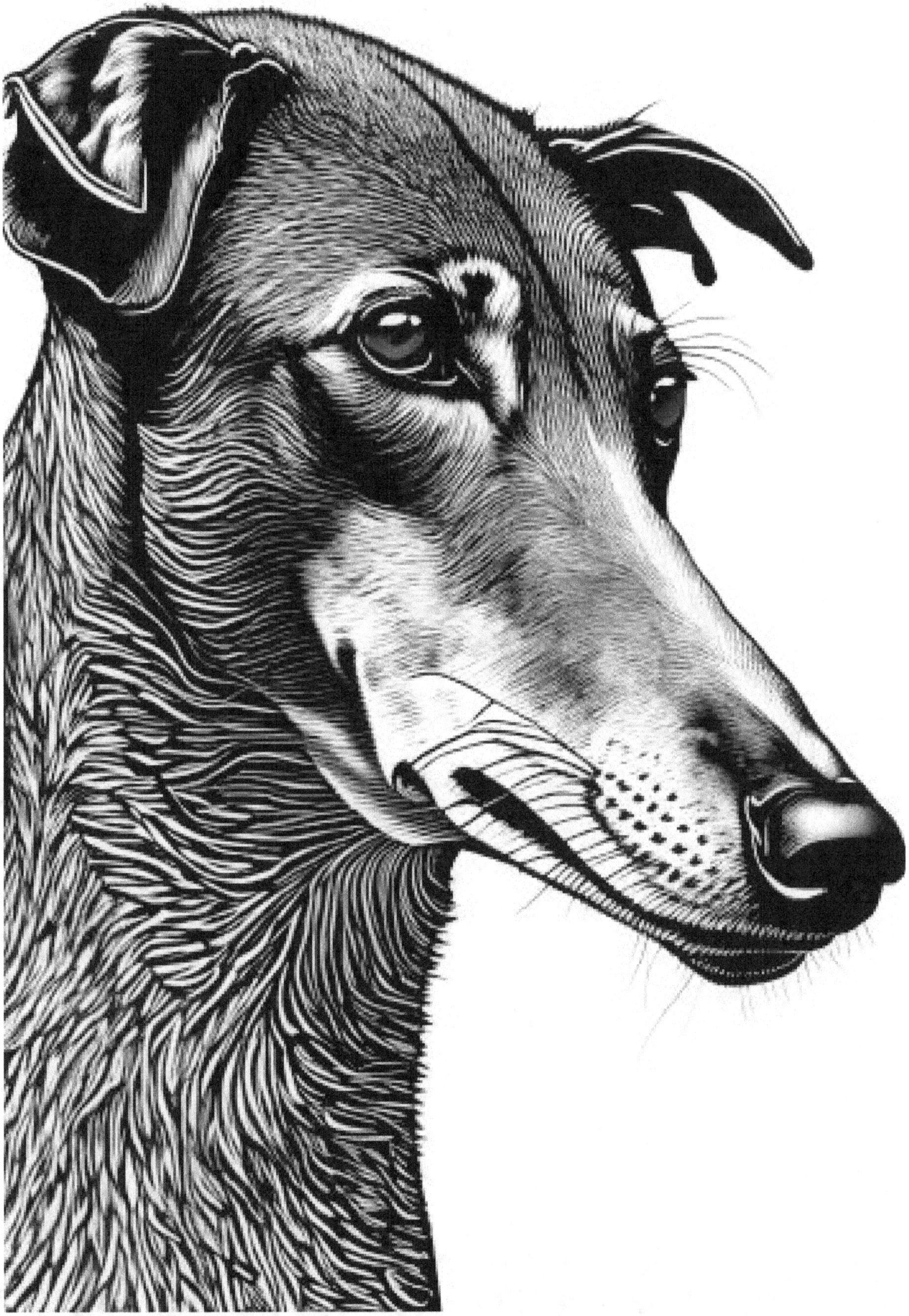

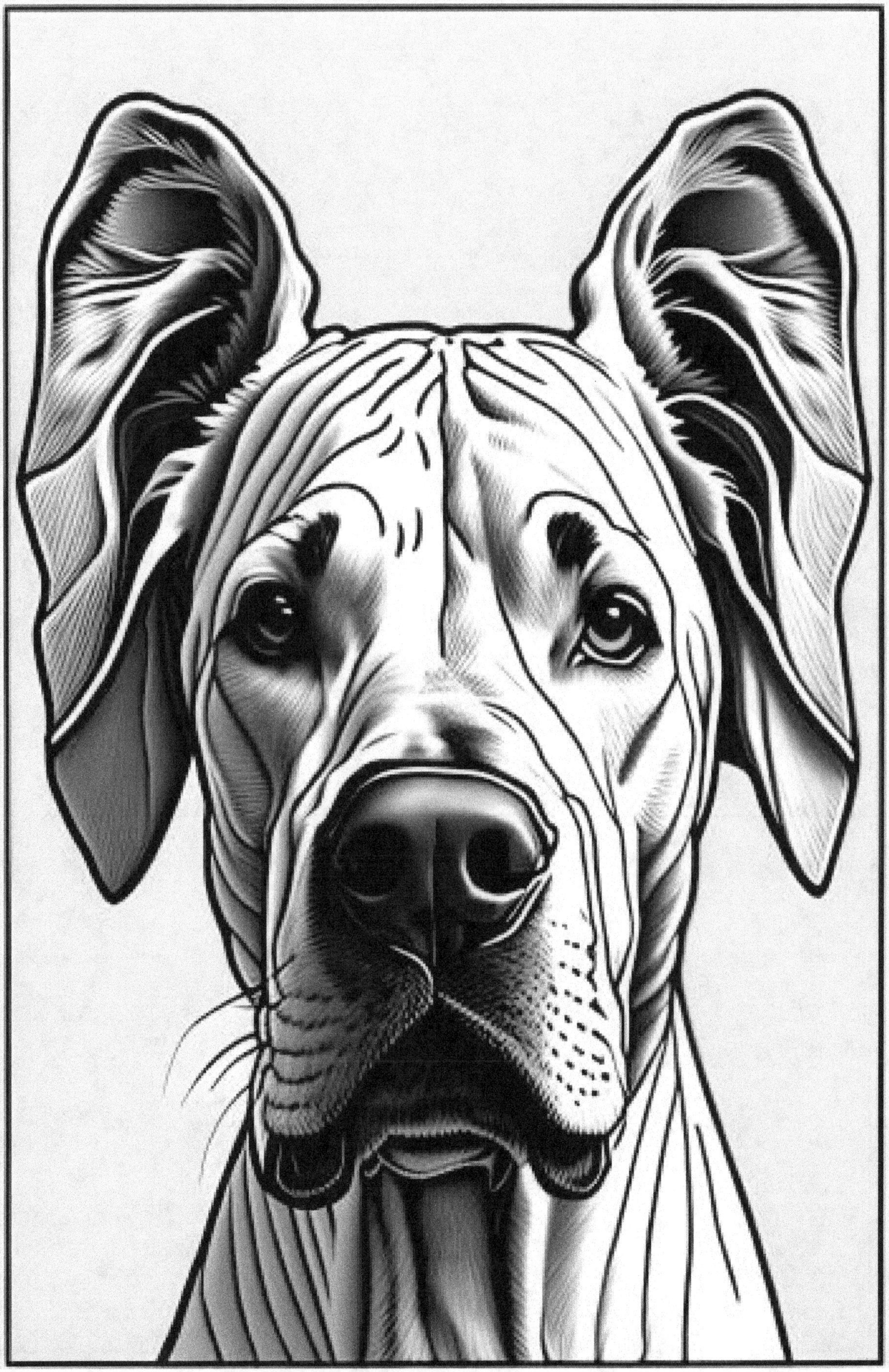

www.ingramcontent.com/pod-product-compliance
Lightning Source LLC
Chambersburg PA
CBHW081626220526
45467CB00029B/3355
* 9 7 9 8 3 8 9 6 4 3 6 4 2 *